MW01242045

Edición: Nelson Rivera.

nrrvrivera@hotmail.com

Fondo de portada gracias a freepik

MORIRÉ AMÁNDOTE

POESÍAS DE AMOR

Ninoska Pérez

PREFACIO

Cada vez que leo un nuevo libro de poesía, lo primero que inquieta mis sentidos, es buscar la influencia de otros poetas en el que escribe. Con el libro que tienen en sus manos, con la lírica de Ninoska Pérez, no pasó esto. Es extremadamente interesante la composición poética de esta artista que se supera a sí misma en cada poema. Si algo hay que señalar que aflora en sus versos, es la cubanía, el insoslayable ritmo en la poesía y la facilidad de, con palabras, crearnos la imagen fonética que nos esclaviza a la lectura.

Ninoska es de esas poetisas que rompe las estructuras, su preocupación no es la métrica, los estilos encerrados en versos mayores o menores. Ninoska escribe y cuando lo hace la única regla irrompible es trasladar emociones y para mí, ese es el verdadero poeta, porque el poeta va directo al alma y para lograr producir sentimientos primero hay que escribir sintiéndolos.

La poesía de Ninoska Perez es un alivio al movimiento creciente de una corriente que ignora la poesía, las han convertido en narraciones; unas veces inentendibles otras con palabras tan fuera del hablar diario que los que la aplauden más bien lo hacen asumiendo posiciones intelectualoides o dicho de forma más clara, personas que mientras menos entienden silogismos prefabricados más intelectuales se sienten.

Este libro constituye un premio al movimiento poéticos de estos tiempos, la membresía de esta artista en los grupos poéticos de España, México y Argentina será indudablemente un impulso a las inquietas manos que aún no se deciden a escribir un poema.

Cada poema de este libro es una historia, una búsqueda, un hecho, una pasión y estoy seguro de que cuando lean sentirán una melodía inexistente, porque Ninoska tiene esa melodía en sus venas y la traslada con el ritmo literario a sus composiciones poéticas. No por casualidad genios de la música como Mike Porcel trabajo con ella en la musicalización de algunos de sus poemas para conformar el primer disco de trece poemas-canciones.

Si algo hay que descartar en este libro es la mediocridad, el aburrimiento o el simplismo. Le invito a leerlo y a descifrar cada sentimiento o emoción que nos da Ninoska y cuando terminen, con el refrescante suspiro de haber pasado por algo maravilloso; le agradeceremos a esta muchacha inquieta y encantadora el regalo de sus poemas.

Rosendo Gaspar Ramos

NINOSKA PÉREZ

Biografía

Ninoska Pérez nació en La Habana el 24 de agosto de 1971, Cuba. Viajando extensamente por el mundo se convirtió en una amante de las culturas, las personas y sus historias. Su pasión por la literatura le viene de la niñez a través de una abuela paterna que le trasmitió el amor por la poesía y su abuela materna por la música, un bisabuelo español que llegó a amar a Cuba como propia y le cambiaba a sus hijos y nietos poemas por besos. Ninoska ha vivido en España y reside en Miami, Florida desde 2005 junto a su esposo, madre e hija. Profesionalmente se desempeña exitosamente como agente de bienes raíces para el

Estado de la Florida. Recientemente descubrió la voz interna que la llevó a escribir poesía y como resultado surgen "Suspiro mío" y "Moriré amándote" un canto a la vida desde lo más profundo de su ser.

AGRADECIMIENTOS

Quiero agradecerle primeramente a Dios, pues sin él nada es posible; a la vida; al amor de mi madre que siempre me llevó de la mano, a mis abuelas, a mi padre por enseñarme el amor por la poesía, a mi hija que es mi fortaleza; a mi familia, mi tronco, a mi esposo por apoyarme y animarme con todo su amor en este proyecto, al escritor Rosendo Gaspar Ramos por su apoyo y guía y en especial a la reconocida periodista y pintora Ninoska Pérez Castellón, mi prima, por contribuir, para orgullo mío en este sueño, vistiéndolo con su amor y su arte. En general a todas las personas que me han estimulado a seguir escribiendo.

DEDICATORIA

A mi amado esposo…

NO TE VAYAS

Frente a ti, sin palabras.
Sin saber cómo decirte,
que no te vayas…
Se me apaga la vida
si tú te marchas;
sin piel, sin besos,
por el camino de la nada…
Dime que hago
para que no acabe
este amor inmenso
que me delata.

Abrázame, mi cielo,
que te pertenezco
más allá del mundo
que nos abraza.
Desójame la ropa
que yo te ayudo…,
con ese desordeno
con que me amas.
Quítame esta hambre,
con toda la fuerza
que necesita mi cuerpo,
de tu mar en calma…
Toréame despacio,
como si hubiera tiempo,

déjame tu huella
sobre mis páginas…
Bébete mis sombras,
hasta fatigarte…,
y no haga falta decirte,
que no te vayas.

EL PODER DEL PRIVILEGIO

Me dejaste caer al vacío,
entre montes llenos de espinas,
no importó el amor que sentías,
ni el dolor que causaste continuo.
No sabías por donde caería,
desgarrando mi alma impotente.
Te bastó poco tiempo en mi vida,
para hacerme sentir diferente.
Te asustó el amor como el mío,
que rebasa cualquier horizonte,
que luchaba sin miedo al destino,
por tu amor, ante el mundo mediocre.
Por minutos fui reina y mendiga,
o más pobre que nadie en el mundo…
¿Quién rompió el hechizo que había?
¿Qué pasó que perdimos el rumbo?
Hoy, la lágrima seca de tanto llanto me abraza.
¡Aún te encuentro buscando en mi centro!
¿Qué se hace, cuando no se arranca
un amor como el tuyo mi cielo?
Acabaste con todo mi aire.
No entiendo como este veneno,
invade mi sangre.
Me quema este amor verdadero.
Solo queda el pasar de los años,
que se duerman todos los misterios…,
no hay remedio cuando se ha entregado
el alma, con privilegios.

EN BLANCO Y NEGRO

Mis zapatos rotos
que siguieron tus pasos,
hablan de ti.
Buscan sedientos
por las mismas calles
y no te encuentran.
Cansados a la deriva,
mis versos pálidos,
son más comunes
y sin acordes.
Sin ti no llego,
en blanco y negro.
Sin fin inerte
dura el vacío
que ocupa lo inmenso;
lleno de lágrimas
del dolor más mudo,
el dolor que ofende.
¿Con qué permiso tu tiempo,
se atreve a robar mi tiempo?
¡Sí era algo mío,
era algo tuyo, era algo bello!
Tanto de ti, se queda
siempre en mis consuelos…;
solo cenizas quedaron
de lo que fue lo nuestro…

¡Tienes tan poco
que ofrecerle al universo!,
que no me explico
como siempre te venero.
Yo tan absurda,
envejeciendo con mis besos,
sin poder olvidarte
a pesar de que pasó tiempo.
Implorando pido
sanación a mi lamento…,
y que me salve
la poesía de tu recuerdo…

TE QUIERO

La brisa estaba esperando,
o más que eso o menos…
Tan simple o más allá de un beso,
un sin fin o un comienzo,
algo por lo que sentir…
Agárrate de mi alma que te llevo,
lejos como una lágrima
o más allá del tiempo,
empieza por detenerme
que me lamento,
cada día me lamento,
cierro los ojos y te siento.
Saca de mi cuerpo, tu cuerpo,
de mi mente, tus ojos,
de mi ser, el veneno.
Que tengo poco y tú lo sabes,
pero de lo poco que tengo,
hay amor para llenarte
los bolsillos de tormentos…
Pobres son los que no tienen,
historias ni desencuentros,
que nunca latieron fuerte
y jamás tendrán la dicha,
que los quieran día a día,
como se quiere hacia dentro,
como te he querido siempre…,
¡queriendo, como te quiero!

DESCALZA EN TU PLAYA

Descalza,
caminado por la arena,
dorada por el sol de tu mirada,
sedienta de ti cada mañana,
buscando poseerte en tu playa
de olas sin sirenas y mareas altas,
con tu azul madrigal
que te acompaña,
¡mi alma canta!
Llena de todas tus lluvias,
completamente tuya…,
esperándote en la playa.

Veo cómo
te acercas a tu reino
por la orilla donde
mojas tus ganas;
mi cintura juguetona se desboca
con la voz de tu cuerpo
cuando canta,
que arrebata cualquier sentido,
entre tus aguas mansas…
Con la seriedad que asusta...
Lleno de la arena blanca...
Enamorando mis días.
¡Tanto hombre...en sus aguas!

Amándonos,
desnudos sobre tus miedos,
cantándole a la vida
con tu mañana,
acercándote a mi cielo
de tu cuerpo en tus aguas,
amándote con tus olas
que suben y que bajan,
dejándome en mis poros
tu sal que me delata...,
susurrándome al oído,
decretando tus quejidos
jerigonza de las almas,
de deseos que te asustan
cuando tu mar se calma.

Paras el mundo
porque no quieres
el atardecer en tu espalda,
abriéndome los brazos si me alejo
porque sabes que mi amor te mata,
tú no quieres que yo olvide
el camino hacia tu playa...,
y me pierdo...vestida con tu cuerpo...,
llevándome toda tu agua.

VOY HACIA TI

Vuelo por la inmensidad del mar,
aguas con serenos colores
me invitan a un descanso eterno.
Me programo para sentirte
por si te acercas,
lleno de corales silenciosos
por el inmenso mundo
que te divierte.

No sé si pertenezco a ti o al océano,
pero cuando me adentro,
siento que vivo.
Florezco en la humedad
de tus aguas claras,
camino hacia ti,
todos los sin fines
o los comienzos que existen,
dejando atrás los pasados
oriundos de otros sitios.
Huyendo estoy de la falta de ti,
de lo innecesario para contigo.
Me sumerjo
en tu firmeza desequilibrada,
admirando estoy
tu profunda naturaleza
que estremece cualquier sentido,
desencadenando gritos
por todas las bajadas

de tu suelo lleno
de secretos inesperados,
encontrando espacios
cubiertos de vidas pasadas,
historias eternas
que nadie imagina
que viven atadas a sus recuerdos.
Tu silencio me enternece,
porque habla en candilejas…
Lanzas siempre
la canción deseada
que calma mis eternas dudas,
tu inmensa paz me enamora,
me atrapa la luz que te atraviesa.
En momentos de ternura
tienes la mejor letra,
acariciando el alma
como nadie sabe.
Solo tus hijos
sabemos del eterno azul
en tus tambores,
comprometiéndonos,
con tus benditas aguas
sin manantiales.
Océano o mar como prefieras.
¡Siempre mío!,
habitaré tu hermosura,
para poder tener
la paz que tienen
tus olas cuando hablan,

abrazada a tu sabiduría
y a todas tus treguas,
donde terminaran mis alas.
Los grandes sacrificios
de tus eternas rocas,
se conforman con tu furia.
Sé que guardas
miles de fortunas como la mía,
que transmiten los idilios
de las eternas almas,
las que habitan
en tu inmensidad
hacia donde iré,
así lo quiero,
cabalgando en tu ola enamorada,
cuando la luz se apague
en el gran teatro de la vida.
Con todos mis mundos vividos
así me adentro.
Espérame con tu gracia atrapada
donde deje mi infancia,
llegaré con el día,
amaneciendo en todos los puntos,
cantando la canción
que tararean tus hijos,
en la inmensidad de tus aguas
donde todos bailan.

DESENFRENO

Dormida, soñando con alcanzarte,
habitando tus mundos mudos
de almas que no supieron,
que no saben…

Cabalgando para siempre
en tu pupila lánguida,
sembrando caricias nuevas
por tu universo,
convocando el sonido
de tu eternidad a quedarse
desbocado por mi cuerpo…

Con la fuerza brutal que dejó tu tiempo,
sin soltar de mis sueños tu presencia,
haciéndolos eternos.
Navegando por tu mirada azul
sin miedo a ahogarme,
en tu mar de sábanas blancas y desenfrenos,
con mis manos llenas de mi por todas partes,
sumergidas en tu bendito cuerpo.

MI EGO

No me ofende que lo nombres, él es rey.
Acepto que lo tengo en mi castillo.
Es el orgullo con que camino por los mundos…,
mi fortaleza, más allá de otros destinos.
Sin él, me hubiera perdido,
cuando mi vida era sombras negras,
en laberintos llenos de espinas secas
y gigantescas enredaderas.
Cuando la maldad me sorprendió de frente
llena de dagas venenosas para mi vida,
el ego, reflejó todos mis miedos
en las pupilas de mi hija,
demostrándome que yo podía más que ellos…

¡Cuántas almas se salvarían
antes de llegar al puerto!,
encontrando en el ego sano un guía,
con la alegría de vivir y poder con todo…
(El verdadero amor a uno mismo, es sabiduría)
Me regaló tanto, me lo dio todo:
la tempestad de los ciclones cuando camino,
con la dureza del titanio cuando me rompo,
y la eternidad del suspiro cuando se ha ido.
Me fortalecía su fragancia, su entereza.
Aunque no te parezca mi historia cierta,
ceñí su armadura a mi alma blanca,

a mi ser incompleto,
recuperando con su traje de batalla,
toda mi vida.
Deletreó mi imagen frente al espejo,
me enseñó a quedarme
con los buenos recuerdos,
me enamoré de todos mis defectos,
descubriendo la belleza de la existencia.
¡Sí, quiero que viva siempre en mí!
Sin perder la humildad de las almas buenas,
con la medida coherente de los porcientos,
con la mesura de su presencia.
¡El ego tiene color, brilla!
Le debo tanto, que si supieras…,
comprenderías que no me ofendes,
él es mi rey y yo su reina.

ESPAÑA DE MIS ADENTROS

A mis ancestros...

¡Cómo dueles todo el tiempo,
España de mis adentros!
¡En mis genes vives tú!
¡Cuánto te amo!
¡Cuánto te siento!
Tocar tu tierra decente,
era mi sueño anhelado,
no hay día que no te nombre,
con tus quejidos, con tus encantos...
Mujer imponente y virtuosa,
viste tu maravillosa cola,
de ese traje que reluce...,
la bella mujer española.
¡Grito fuerte a tu hermosura,
España de todos los Santos!
No hay manera de olvidarte,
quedaste clavada en mi canto.
¡Te pido que no me olvides...,
España de mis ancestros!
¡Te mereces tanto, tanto!
¡Cada día te venero!
Aliméntame de tu rama andaluza,
con música, pasión y armonía.
Enséñame, cada día,
tu inconfundible palmada,

para caminar cantando
por donde quiera que vaya.
El día que te dejé,
¡tú sabes cuánto lloraba!,
lancé un grito al infinito,
que me desgarraba el alma.
¡Siento tanto amor por ti!
¡Me dueles como mi patria!
¡Volveré, porque te amo!,
como vuelven los hijos a casa…,
como ama la tierra la lluvia,
con la música de tu guitarra,
que estremece, los latidos simples
donde renacen, todas almas.
Supo la paloma de aquel parque,
cuando te incluía yo en mis rezos,
traerme una lágrima tuya,
calmando mi sufrimiento,
¡lloramos juntas!…
Agarra mi beso en el viento,
cura todos mis lamentos,
¡no hay día que no te rece,
mi España con sentimiento!

GUADALQUIVIR

Mojo mis lejanas manos
en tus frías aguas,
llenas de lágrimas,
arcángeles y deseos perdidos.
No hay nada
que no sepas de mí,
ni del peor de los gritos.
Fue amor a primera vista,
en primavera.
Río andaluz, Guadalquivir,
flor del Azahar.
Un lamento en mi vida
es no poder olerte,
no poder sentirte
con tu alegría pasar…
Comprobé el poder
que tenías en tu río,
cerca de él sentí
a Dios resucitar…
Clavada estas en mí,
Córdoba de mis lamentos.
¡Tú sabes cuánto lo amaba!
tú sí sabes lo que siento!
Recuerdo Guadalquivir
que un día de llanto
me abrazaste,

casi pierdo la razón,
por la razón,
me dijiste entre tus aguas,
será tuyo, si te quiere…,
si no, me lo quedo yo…
No hay día que no te piense,
Córdoba de mi corazón,
aunque no entienda del todo…
¿Por qué el río se lo llevó?

EL GRITO DEL ALMA

Al amor de Jorge y Clarita

Hoy mi amor se ha ido
hacia el infinito con otras almas;
no es lo mismo olvidarlo
que arrancarlo de la razón,
saber que ya no está,
que es polvo en el sonido del viento,
donde van las almas
de todos los que tienen corazón.

No sé qué hacer
con las horas que me sobran.
¡¿Cómo pudo marcharse y llevarse el sol?!
No hay palabras que alivien
el dolor que arde y quema,
dejándome en las penumbras
vulnerables de la desolación.
Dejó en la almohada
su fragancia eterna,
el dolor desbordado
aparece por toda mi realidad,
necesito acurrucarme
en el silencio necesario
que dejó su ausencia,
dejándome el alma en un grito
en toda su inmensidad.

No quiero quedarme,
moriré junto a él
todas las veces que sea,
vestiré con el manto del viaje eterno
por donde él se fue,
caminaré sin rumbo lentamente
siguiendo la luz de sus pasos…,
y esperaré que me lleve,
porque si no lo hace…yo lo haré.

LÁGRIMAS DULCES

Hoy mis mares desbordan lágrimas dulces.
Nada es perfecto ante mi razón.
Solo yo ocupo el lugar errado en el universo,
tenía tu compañía, pero tu corazón me dejó.
Es padecimiento de mi alma en pena.
Todo desentona la magia del sol…;
-en medio del mundo ando de rodillas,
sin sentido vivo, sin sentido voy…-.
Me recuerdo viva por aquellos tiempos,
era ola rota en mi jardín sin flor,
tú, lágrima feliz en mi alma estrecha,
mucho más que eso, un inmenso amor…
Tenerte cerca, me encendía viva.
Era fuego eterno, el de mi pasión,
recorriste mis senderos nuevos,
de mi alma muerta y en desolación.
Hoy sólo me queda vivir de los recuerdos,
de lo que pudo ser y no sucedió,
de tus labios y tus manos
desenredando mi cuerpo…,
del tatuaje irreversible
que tu amor me dejó.
Pasaran los años y cuando no viva,
quedará nada de lo que fue tu amor,
almas como las nuestras en el olvido,
que por miedo a perderse…,
perdiendo, se perdió.

EL CORAZÓN GRITA

Cuando tú corazón grita, en su desgarro,
muere la naturaleza de tu existencia,
reconociendo en ti, que es demasiado,
descubriendo el suspiro que te hiere,
suplicando al universo un abrazo…
Todo se detiene con la misma brisa
que te besa cuando alguien te ha amado…
Tú corazón sufre de dolor y grita
a la deriva con su desamparo.
La decepción lo marchita tocando fondo,
si el perdón es poseído por demonios,
y tu vida duele sin regreso,
confundiendo tu realidad en lo más hondo.
Cuando te han herido con un solo beso,
no hay dolor más fuerte que el contenido.
Mueres sin sentirlo…
Y aunque no lo creas, mientras todo pasa,
vivimos muriendo aunque estemos vivos…

Hasta que el río quiera

Déjame bañarme en tu río
de sábanas dulces,
lleno de secretos nuestros,
donde sembramos caricias
y florecen nuestros besos.
Mójame con tu agua clara
apágame este fuego eterno,
que vive en mi existencia
cuando rozan tus manos mi cuerpo.
Apodérate de mi alma frágil
con la fuerza del amor primero,
sin miedo a morir en el letargo
donde me deja tu beso.
¡Agárrame y no me sueltes!,
cabálgame con tu presencia,
destruyendo todo el pasado
que vive en mi enredadera.
Ámame como se hace
cuando tienes la certeza
y no quieres que se vaya
el amor que te venera.
Báñate conmigo en el río,
entrégame de tu cuerpo su esencia,
camina junto a mí, toda la vida…,
hasta que el río quiera.

EL PEOR DE LOS RUIDOS

El silencio con su peligroso
ruido que destroza,
el peor de los sonidos,
que envenena el alma…,
sin salvarte esfuma
cualquier sintonía hermosa,
sin piedad te lanza
contra la adversidad y te mata.
No alimentes el silencio
en tu palacio sagrado,
lanza un suspiro y rompe
el símbolo en el infinito,
el amor necesita de silencios,
pero de un silencio distinto.
Por orgullo o por torpeza
no lo dejes en tu vino;
lucha con el valor
de un tigre en emboscada,
que el amor con silencios
nunca sobrevive,
el silencio lo atraviesa
con una sola estocada.

PERDIDA EN SU TIEMPO

Señor,
llévame a la ventana,
que no olvido donde
asoma aquel lucero,
déjame subirme sin caer
esperando que anochezca,
para ver cómo él duerme
sin que nadie lo tape,
sin que nadie lo proteja,
con su espalda llena de frío,
entre la almohada que extraño
y mis ganas escondidas en ella.

Señor,
atrapada ando en sus ojos,
pérdida en su tiempo,
en la falta de perdón de sus brazos,
jugando cada noche a tocarle
desde muy lejos su cuerpo…

Señor,
aún siento los escalofríos,
cuando rozaba sus besos,
me perdía sin rumbo flotando,
amanecía mirando su cuerpo,
buscando la puerta de su alma,

no encontrarla fue un tormento.

Señor,
si pudiera darle un último beso,
mojaría con mi enzima sus labios,
abrazaría su caricia dormida,
taparía su espalda fría
pegándole mi pecho tibio
a su soledad infinita…
Adueñándome de sus sueños,
amándolo sin que despierte…
Como todas las noches…
Como todos los días…

VOY A BUSCARTE

¿Y si voy a buscarte?
Si entro en tu momento,
dislocando todo
y te convenzo,
con la brumosa
espuma de las artes.
¿Y si rompo cadenas?
Salpicando alegrías
por senderos tiernos,
logrando en ti el único abrazo
que te hizo eterno…,
para reiniciarte
con todos mis momentos.
¿Y si no te veo…,
y te necesitan
todos mis secretos?,
si no eres mío,
si ya eres del viento,
condenándome al sol
y al duro invierno.
¿Y si me atrevo?
Y te asusto
en la esquina de la plaza,
esperando un descuido
del silencio,
para que me veas

caminando, de pasada…,
con la huella de tus manos
en mi cuerpo.
¿Y si te beso?
Y hago la locura de mis sueños.
¿Qué me importa
lo que piensen ellos?,
¡si te amo tanto,
que aun en la distancia,
me da lo mismo el cielo
que el infierno!
¿Y si te llevo?
Por las afrodisíacas aguas,
tan cálidas y puras
como este tormento,
que catapultó mi mundo
con tan sólo un beso.

QUISIERA ESCONDERME

Hoy quisiera esconderme
dentro de una flor,
y desde allí poder pensarte.
Quedar dormida en mi llanto.
Sentir como brota tu viento
secando mi río que arde.
Hoy quisiera esconderme
en ese mundo mío,
donde solo tú cabes,
apareciendo sin hacer ruido,
olvidando las piedras,
que disfrazadas, me tiraste.
Hoy quisiera esconderme
de los atardeceres vividos,
de la lluvia que cae...,
del sonido de las alas
de una paloma,
cuando sabe marcharse.
Hoy quisiera esconderme
de las risas que arañan
mi semblante,
de la alegría que entendería...,
de los modos que usas
para conquistarme.
Hoy quisiera esconderme
de tu boca salvaje,

esa que cuando besa, lo hace,

llena de primaveras...,

que despertó mi cuerpo

con solo mirarle;

de tus ojos que brillan

que pueden alcanzarme

y hacen que pierda mis fuerzas...,

desordenando mi vida

hasta equivocarme...

Hoy quisiera esconderme

del placer de entregarme,

del poder tuyo, al tenerme...,

de mis ganas de amarte.

PARADA SOBRE SU NOMBRE

Quedé parada sobre su nombre,
sin armar bulla, oliendo a dolor;
raíces crecieron durante esos siglos
que esperé anclada por su perdón.
No importa si ya me ha olvidado,
mis brumas ya no tienen sol,
he quedado en el medio de la línea
esperando por lo que no paso...
A veces necesito el sonido
que el latir de su corazón declamó,
engañando a mi corazón ingenuo
que temeroso por él, se escondió...
¡Hay tanto amor deseando mi camino!,
¡queriendo mi primavera!,
y yo sin remedio anclada...,
sin armar bulla, oliendo a dolor...

LO VOY A ESPERAR

¿Qué si lo amo?
¡Más que a mi vida!
Voy a esperar su amor
aunque me pierda sin rumbo
en sus montañas de miel…
Aunque navegue en los cielos
de aureolas y cantos
con almas dormidas,
por ser dueño de mis días,
de mis siglos también…
Voy a esperar su amor;
no se hacer otra cosa,
siento la mitad de mí
cuando su voz me alcanza, me roza,
erizando mi cuerpo, amándome toda…
Me enamora hasta su sombra,
porque es mío… no lo sabe,
en todo lo que toca…
Voy a esperar su amor que no lastima,
que se pierde por debajo de mi piel…
Déjame sentada en esa misma orilla
de las almas rotas,
frente al mar donde logro
respirar sin él…

FLORES DE LAVANDA

Siento tu voz y vibro.
Se reencuentran nuestras almas.
Basta el sonido de una guitarra
para morirme…
De cabeza ando después de ti…
¿Cómo lo hiciste?

Controlas desde aquel siglo
mis madrugadas,
tomas mis sueños, apoderándote,
desalojándome, enloqueciéndome…,
reencontrándote con mi alma.

Sin tu presencia muere mi mundo,
y tú lo sabes…por eso bailas,
provocando sensaciones
que me arrasan, versos furtivos,
abarcando lo inabarcable,
haciendo aire con mis delirios.

No soy libre porque navego
prisionera entre tus brazos…
Si me llaman enloquezco
sin solución… ¡Dios sabe cuánto!
Por suerte callan, viven dormidos
en la distancia con su quebranto.

Te esperaré sentada en esa estrofa
donde tú sabes que Dios abraza,
recordarás a tu medida
haberme amado entre tus ramas…,
llenas de frutos, floreciendo
con el polen de mi amor que salva…
Fueron tantos aquellos besos
entre flores de lavanda,
que a pesar de varios siglos,
aún me alcanzan…

CONTIGO ME QUEDO

Del cielo caen flores, todas para ti,
se sumergen en la transparencia
de tus insuperables despertares…
Tu música y tus cantos llenos de felicidad
adornan como agua virgen la luz del día,
un manantial te abraza lleno de secretos…
Contigo me quedo.
¿Qué tengo que hacer para alcanzar
el amanecer que vive en tu piel?
Volar hacia el camino que me lleva
sin regreso hasta tu corazón,
despertando cada mañana
con tu imagen en mi espejo…
Tu sonrisa de azúcar en mi café, amándome,
tus labios que supieron y siempre sabrán…
Las palabras que me aman, las que quiero,
las que conmueven mi ser y se adueñan
sin resistencia de lo que siento…
Los besos que sacuden mi realidad…
Elijo verte, vivirte, amarte,
sentirme atada a tu paz.
Adorándote para que nunca alejes
tu beso de mi mar…

EL SUSPIRO QUE SALVA

No quiero salir del suspiro
donde me eleva tu alma,
despeinando mi locura
con tu aroma a mar abierto…
Te apoderaste de mi naturaleza
que grita cuando calla.
Las gotas de sol iluminan tus labios
y yo amaneciendo con el suspiro que salva.
Cuando tus manos me rozan
devuelves mi mar en calma,
es tan hermoso sentirte vivo
que todas mis olas saltan…
Caminas y mi mundo te sigue
por tu calma acumulada…
Nadie sabe que cuando amanece,
al cielo te le escapas.

…

MIS LUNARES RECURRENTES

Mis lunares se escondieron en tu cuerpo,
no hallaron mis ganas de vivir,
es difícil entender que tú estás lejos,
decidieron ir volando junto a ti…

Siempre que te pienso, en mi melancolía,
sin fuerza me deja el llanto,
me robaste tanto de mi luna,
que no encuentro ni mis risas,
ni mis brazos…

Amé tus madrugadas eternas
con su derroche de bruma,
desvelada con tus cuentos…
Tantos cuentos y más cuentos…,
que olvidé que yo existía,
sobreviviendo a mi angustia.

Si mañana se escapan de tu vida,
es porque ya no habita en ti mi luna,
ya no eres el dueño de mis días inocentes,
de mis luces, mis colores,
de mi verdad y mi presente.

Son tan tuyos como míos,
con sus secretos escondidos

mis lunares recurrentes…
Cuando te hablen de mí,
abrázalos muy fuerte
y llénalos de besos…,
ellos aún no me entienden.

VOLVERTE A VIVIR

Sin dudarlo, te necesito,
recorro los campos que me ofreciste
por carreteras llenas de pinos verdes,
sintiendo en el aire como tú reinas
en la profundidad de mi presente…
Hablando de ti con el viento voy,
con la nieve…

Buscando tu rastro con el aire de frente,
el cielo tararea la perfecta melodía,
mi corazón se aferra a tenerte,
recordando por donde levita mi silencio,
con tu mirada en mi mente.

Atrapada en el amor que vivimos,
rota de extrañarte, me abraza el llanto,
ha sido cruel el tiempo y el destino,
mi suerte de amarte tanto…

Sin ti no quiero, no puedo,
ya no voy a mentirle a mi consuelo,
tantas almas sin su sitio, naufragando,
corriendo cuando se les acaba el tiempo…,
para hacer lo que no hicieron
en primaveras eternas,
en tantos años llenos de invierno.

Ya no juego a entretenerme,
han mutado mis nervios y mis miedos,
no negocio mis recuerdos con mi mente;
ellos saben que soy tuya,
solo quieren que te encuentre…

Voy por el camino de los suspiros frágiles
conocí andaluces campos llenos de naranjos,
cargando mi cuerpo ya sin fuerza alguna,
por sueños huérfanos de tus manos.

Quiero verte y en mi desafío,
llegar hasta el mismo punto que te alejas,
llenar tu frío con mi fuego eterno,
devolverte todas mis primaveras,
con la esperanza de volver a amarte,
hasta que la vida quiera…

Aquí donde me ubicaste,
renace el crepúsculo que habla de ti,
con el sabor de tu boca en cada tarde,
le pido a Dios y el no miente, él lo sabe,
volverte a vivir…

ESCÁPATE CONMIGO

Amor mío, escápate conmigo,
qué sentido tiene el aire,
o vivir sin un suspiro…
Sin esos besos tuyos
que hipnotizan a las estrellas,
que se adueñan de mi frío…
Rozando mi cara despiertas
todos mis diablos dormidos,
con tu barba, la mayor de tus riquezas,
desbocando tu melodía en mis laberintos,
junto a todos los sentidos que tú tocas…
Escápate conmigo…
Despiertas en mi piel toda mi calma,
con la suavidad exquisita de tus años,
bebiendo de un sorbo mi inocencia,
con tus besos en mi cuello agonizando.
Abrázame que me pierdo
en tu refugio con sabor a bosque,
donde tu olor a hombre estalla,
traspasando todo lo que tocas,
dejándome eclipsada en lo divino…,
jugando a inmortalizar tu roce…
Escápate conmigo amor, el deseo aguarda,
volaremos bien perdidos como dos locos
donde el amor se esconde y la pasión habla,
porque muere sin ternura el mundo…

Sin emoción, sin nostalgia…
Te espero en mi ventana oscureciendo,
callemos la noche con nuestras almas blancas,
con luces que quieren alumbrarte…
No le falles a los ojos que hablan…
Diviso el gran hechizo que surge
hacia la inmensidad que te abraza,
nos aguardarán en el cielo los testigos
de nuestra historia llena de piel,
donde el amor nunca falta…
Escápate conmigo amor te lo pido,
te esperaré con calma…

MIL PEDAZOS

Voy por las calles recogiendo
en mil pedazos tus besos,
buscando las lágrimas mías
que vas tirando y van creciendo.
Regaste todo por el suelo…
Arrancándote mi amor de tu cuerpo.
Como si pudieras borrarme
de tu vida en un momento.

Tantos años, tantos recuerdos…
¿Cómo puedes olvidar
lo puro que fue lo nuestro?,
así tan fácil como un niño
lanza su primer beso.
Hay que estar vacío,
hueco, para ir tirando todo al olvido,
destruyendo nuestros sueños,
y más allá de ellos…
Faltándole a nuestros hijos,
olvidando sus latidos
como algo más en el suelo…
Fue tanto lo que te amé
que olvidé que yo existía,
descuidando mis pedazos
donde tanto te quería…
De regreso me cobijo

para guardar mis mitades,
que aparecen como las tuyas…,
regadas por todas partes…

EL AMOR CON SU TORMENTA

Respiran tus lágrimas azules,
derrochan tristeza,
se ahogan en su cúmulo gris de pena.
El amor es así una tormenta,
llega con su viento agradable, te despeina,
quitándote el frio que llevas,
poniendo su brillo
de diamante en tus ojos;
si se va, te ciega…
Cuando enfurece, se aleja,
dejando roto el corazón, sin fuerza.
¿Qué importa que pase llevándose todo?,
si cuando llega te besa…,
te agarra como nadie lo hizo por siglos
y vibras por dentro, por fuera,
con la alegría que nunca sentiste,
toda en extracto,
aunque llueva y llueva…
Llega como un trueno, abrupto,
hasta te asusta, que por ti espera.
Así es a veces el amor…,
con su tormenta,
te sacude sintiendo que vuelas,
se va, te deja desecha,
quebrándolo todo…;
suplicando al universo que vuelva…

Amando con desesperación aunque duela,
mojándote con la misma lluvia
que atormenta a tu cuerpo desnudo,
sin el traje de la pasión que viste
el amor con su quimera.
Te atrapa, se adueña, no te suelta…
¡Es tanto lo que besa!,
dejándote indefensa,
sin lágrimas azules
en la próxima tormenta.

NUBES BLANCAS

Amo el misterio de tus ojos tristes
cuando me miran,
con candelabros a oscuras
en noches eternas llenas de ti,
apoderándonos sin miedo del tiempo,
amándonos hasta morir.

Te suplico amor mío
espérame en tu cálido ruido,
abrázame cómo siempre
donde suena tu latido,
lleno de velas y silencios
envuelto en tus nubes blancas.

Llegaré y romperé tu paz con un beso
de los que estremecen las almas,
sintiendo vivo tu cuerpo,
quedándome tatuada,
hecha una tormenta de miel
toda almíbar, floreciendo,
con un acorde muy nuestro
en medio de la nada…
Ámame que no habrá tiempo
se acaba el sol de mi mañana,
idolatra el deseo que tengo de tu magia.
Lánzate por mi cuerpo húmedo
con la madurez que acompañas,
asume mi sed como tuya,

cálmala con tu calma,
vísteme con lo vivido
para vestir los colores que tú amas.

Adórame, que se despide tu mente
de la mitad que te falta,
pasarán los años y un día
te acordarás cuanto te amaba,
sonreirás en tu lejanía
recordando mis palabras
y no habrá quien te libere…
Lleno de nubes blancas…
Con tu misterio que aún me posee
desbocando toda mi calma
y nadie sabrá que estás conmigo…,
acurrucado en mi alma.

AMÉMONOS CON SIZIGIA

Amémonos con sizigia,
tú siempre conmigo
que quiero vivirte,
sentirte en el camino
hacia tu beso,
salvar los mundos
que elevan la alegría,
protegiendo todos
los momentos de la piel,
para cada mañana
compartir contigo
canciones nuevas,
enredadas en mi alma,
alineando el suspiro
que nadie alcanza,
solo tus besos…
Descubriendo el torbellino
al que me lanzas,
que anuncia el amor
donde nace lo divino
en el mismo vientre
que te reclama,
esperando de ti
la semilla de tu fragancia…
…y poder entonces
aunque todo cambie,

caminar los retos

con la inocente mano

que siempre aguanta,

que no te suelta,

que te levanta,

aunque el mundo se caiga

y tú te vayas…

mirando sus ojos todos los días,

sintiendo que nada me falta.

SOLO UN MOMENTO

Quiero despedirme de ti, que no pude…
¡He extrañado tanto beber de tus manos
el agua que quita mi sed!
Seguir tus pasos por donde escondes
mis huellas desnudas
con nuestra historia en tu piel.
Sin tu recuerdo me pierdo…
No puedo vivir sin pensar en ti.
Solo tú me salvas de no ser…
Calienta mi cuerpo con tus ojos grises
que vieron mi amor florecer,
tiemblo de soledad desde aquel día,
atada a tu beso vivía y viviría otra vez.
Solo te pido un momento…
Ya se han borrado mis recuerdos
de tanto pensarte y verte sin ver,
no puedo seguir sobreviviendo
sin el recuerdo fresco de tus labios
apoderándose de mi ser.

QUE TE ALEJE LA MAREA

La culpa la tienen tus hombros
por no mirarme de frente,
tu espalda, que desafía
con su silueta perfecta,
que enmarca con tu horizonte,
todas tus primaveras.
La culpa la tiene el tiempo
por darte esa expresión serena,
que hará inevitable, besarte,
cuando te vea...
La culpa la tiene el silencio
bien usado de tus cuerdas,
que me lanzan hacia el sueño
de encontrarme en tu vereda.
No encuentro como evitarte...;
suplicándole a mi instinto
que te aleje la marea...
La culpa, la tiene tu esencia,
tan parecida a la mía,
tan imperfecta.

Do, Re, Mi, Fa, Sol

Toca mi cuerpo
como se toca una guitarra,
suave, lentamente, para sentir su sabor,
cata la mejor de mis lágrimas,
moja tus labios, traduce mi dolor…

Haz con mi furia melodías, con pasión...
Convierte en lágrimas perdidas, la tristeza,
el Mi, Re, Fa, Si, en temblor...
Acaricia mi cuerpo que es hoguera,
no quiero que te queme mi dolor.
Llora conmigo si has de llorar desnudo;
soñaré que endulzas mi arruga pérdida
con el Do, Re, Mi, Fa, de toda mi vida,
cuidándome el Mi, Fa, Sol, por amor.

Dime que puedes,
que nada nos detendrá,
sácale música a mi guitarra o a mi cuerpo,
tú sabrás…,
suspira y bésame cada cuerda…
¡Déjame gritar!...
Si no encuentras mi caricia
en su tiempo perfecto, no lo lograrás,
revoloteando con la cadencia
en su tempo único

para hacerte vibrar…

Ámame, aunque nadie entienda
la resonancia de mi cuerda Sol,
cuida el diapasón con sonidos
que guardo, que tuyos son.
Vístete con la nota
de tus manos hambrientas,
que necesitan amar su razón,
y encontraré en el quebranto
de tu quejido gitano,
el verdadero amor.

EL DIVÁN DE LA CALMA

Extraño la vida sin ti,
la paz que me acompañaba,
cuando mis pasos turquesa
cambiaban de colores
y nadie los apagaba…
No había quien me borrara
la sonrisa, mi alegría,
mi poder nadie lo tenía,
era feliz y no lo sabía …
Extraño tanto el silencio
sin preguntas, sin torpezas,
los nervios de poder con todo…
Recuperar mi sombra
conversar con ella.
Estoy lista si mañana
amanece mi mundo de cabeza,
lo cobijaré en mi bolsillo
desapareciendo feliz
llena de lentejuelas…
¡Siempre habrá quien desee
ver pasar tu primavera!
El aire que me sobraba,
ya no alcanza…
El cielo me lo explica todo…
Era tan yo, que ni imaginaba,
extrañando la verdad que tenía

adorando su calma…
Tanto pedí que el amor llegara
sin saber, que me sobraba.
Diera lo que no tengo
por volver a esos días,
donde sola me dormía
en el diván de la calma…
Necesito encontrarme
con mi paz y mi memoria,
donde nadie interrumpa
mi contacto con la vida,
recuperando el amor por mí,
con su equilibrada sonrisa,
¡abrazando el privilegio de estar viva!,
con el deseo infinito
de reírme a plenitud,
conmigo misma.

EN GÓNDOLA POR TU MEDITERRÁNEO

Hoy me he despertado con olor a ti,
feliz seco mis lágrimas de invierno.
Recorrimos en góndola nuestro pasado
con tu aroma que despeinaba mi sueño.

Tu mirada acariciaba mi universo,
y me perdía en el misterio
de tus labios gruesos…
Querías decirme con tus ojos castaños
lo que no dijiste todos estos años…

Cada puente reflejaba un instante nuestro,
estábamos tú y yo solos a la deriva,
el amor calmaba nuestra sed,
mojando nuestros cuerpos
con lágrimas de recuerdos atados.

Llenos de amor por donde pasábamos,
no entendíamos que hacíamos
en la góndola navegando…
Me levanto con las ganas
de poder darte un abrazo,
y un cristal entre los dos me detuvo,
rompiendo mi corazón desesperado…

Pactaría lo que de mi vida queda

por sentirme nuevamente entre tus brazos…
Es tan triste el amor prohibido,
las almas juegan a verte y se paran a tu lado,
dejándote el peor de los vacíos
sin saber como llenarlos…

¿Qué hacemos en una góndola
en medio del Mediterráneo?…
No quería despertar de mi letargo,
aguantada a tu vida renacía,
podía sentir el sudor de tus manos…

Leyendo tus labios
comprendí que me decían…
¡Te sigo esperando!,
y al despertar divisé en tu horizonte,
lo mucho que te había amado.

Creía mi amor dormido, olvidado, pasado,
y me desafió con su góndola navegando,
apoderándose del tiempo que me queda,
en medio del Mediterráneo…

ENAMÓRAME

Enamórame si es que puedes.
Quítame la sal de otros mares,
los lamentos, las ausencias,
de huellas que dejaron
manos incompletas,
que no supieron tallar
en mi cuerpo primaveras.
Bórrame el rostro que no se olvida.
Las palabras ausentes, su cadencia,
el primer amor o todos,
hasta su sonrisa perfecta.
Conquístame con tus poderes
a pesar de tanto y tanto…
Supera cada latido de mi corazón,
que durmió esperando ser rescatado.
Sustituye mi dolor por alegrías,
agarra mi otoño con tus manos…
Salva en mí, todas mis ganas,
el deseo de creerte enamorado.
La presencia del amor
en su expresión más pura…
Si lo logras, me has salvado.

VIVIR SIN TI

Se murió el horizonte junto a ti.
Se acabó el aire, el agua se secó.
Mis mares retiraron sus olas…
El río se durmió.
El silencio se apoderó del mundo.
Todo perdió su color.
Mi sombra se alejó lentamente,
con tus pasos se marchó.
Vivir sin ti destapó el abismo
desapareciendo la alegría del amor,
el futuro bien tejido,
la inocencia, la pasión,
las madrugadas eternas,
los sueños infinitos…
Mi sonrisa se borró.
No hay música, ni poemas, ni verso.
La ilusión de mi vida emigró.
No existen verdades,
ni mentiras piadosas.
El cielo se oscureció.
Se acabaron los finales felices.
El enamoramiento se desvaneció,
las confidencias, el perdón, las ilusiones.
El amor se congeló, murió.
Ya no hay guitarras
llorando en la noche,
ni con la salida del sol.
No hay un alma como la mía.
La magia se destruyó.
No hay besos para estos labios,
que se rompen
por la sed de tu ausencia.

No hay consuelo qué sostenga
la partida de tu corazón…

Aquí esperaré que regreses
convertido en mariposa,
que me lleves en tus alas
de perdón, enamorado,
devolviéndome la vida con tu amor.

OJOS CANELA

Que las sonrisas sinceras te busquen;
las promesas de amor con sus cantos,
miles de ilusiones, grandes pasiones, reales,
y abraces la cordura del mundo con tus brazos...
La belleza del amanecer te persiga
con sus lindos colores de corales,
los que tiene tu aura, de los que sólo tú sabes.
Quiero que la abundancia llene tus bolsillos,
la sinceridad te bese los labios, se desborde,
como has soñado besar los míos,
donde el arte del embrujo te devore,
una noche no, todas,
que nunca te falten, con derroche,
y llenes de caricias los sueños tuyos,
que te sobren…
Si florecen las miradas,
que sean las que estremecen el alma,
los elogios, el susto del amor sin miedos,
todo lo que encante y te enamore te siga,
la música te toque y en su quebranto
estés feliz por donde vueles,
sin saber porqué y por cuanto...,
para que el universo te sonría eternamente
y nadie pueda hacerte daño.
Si al pasar te encuentro algún día,
y lanzas tu suspiro apasionado,

yo seguiré de largo con mi vida,
con mis iris en mis manos,
para no ver los encantos
de tus ojos canela que gritan...,
siempre que nos miramos.

¡SAL DE MÍ!

¿Dónde guardo este dolor, dónde lo escondo?
¿Qué hago con estos sueños sin cumplir?
Yo lo amaba con todos sus defectos,
desgarrando mi vacío y mí vivir.
No había día que no lo deseara,
más que nada, más que todo…;
no encontraba la paciencia de sus brazos,
no latía ya por mí…, eso era todo.
Estar sin él me ha matado lentamente,
ya no siento como antes el amor,
no hay cadenas que logren atraparme,
como las cadenas que él me colocó.
Ahora el mundo se divide en dos corrientes,
antes y después que él me marcó,
no hay dolor que destroce más mi verso
que la lágrima que él me destinó.
Se me rompe la alegría todo el tiempo,
no hay pasión que se desborde sin su olor.
¿Cómo logro mantenerme en mis cabales,
si me cala su recuerdo en mi interior?
¿Cómo puede el corazón enamorarse,
ser tan torpe e inmolarse con su furia contundente,
no elegir con la cordura de los Alpes,
padecer como el agua de una fuente?
Si me engaño con otros mundos, otros besos…,
por momentos, me siento liberada,

pero un día, amanezco diferente,

despertando a su lado, enamorada.

¿Qué hacer con lo que siento?

¡Basta ya de esta tortura sin final!

No se puede entregar tu paz a los recuerdos,

cuando no eres para él la realidad.

¡Sal de mí!

¡Déjame en paz!

No hay palabras que me alivien del martirio,

ni remedio que me cure hoy de ti,

aún están tus tibias manos

en mi cintura,

apoderándote de mi único secreto.

Tú bien sabes donde fueron nuestros besos…,

del pequeño callejón,

entre hojas secas, sin testigos…

Donde escondimos por tantos años

nuestros cuerpos,

que danzaban con el sonido

del deseo infinito.

TUS AGUAS

¡¿Por qué lo hiciste?!
¿Cómo te lanzas
a ese vacío sin reprimirte?
No somos niños,
tú te expusiste,
por esos rayos, de las cadencias
que tu sentiste.
¿A qué te aferras?
Desenterraste las ansias locas,
sin después irte.
¿Nadie te entiende?
¡Cómo pudiste!
Primero quieres,
luego no quieres
y luego insistes.
¿Y tú, a que juegas?
Sabiendo todo usas la llama
y después te quemas.
Yo no comprendo…
¡¿Qué llevas dentro?!
Si tú no sabes cómo funcionan
los sentimientos.
Quédate quieto, no me molestes,
No se te ocurra después de todo
hablarme fuerte;
busca la puerta,

sal en silencio,
no queda espacio para ti
en mi torrente…
¡Vete por siempre!
¡No quiero verte!
No tiene tiempo
mi corazón para tenerte.
Sigue con ella,
que es turbulenta…,
como las aguas
a las que tú perteneces.

AMIGA

A Paula...

He rebuscado
en tu pasado desbordado,
en la llama evidente
de tus angustias locas,
las penas que te visten
durante años,
de largas historias
que te mantienen sola.
Lucha contra el zumbido
agudo que te daña,
pule cada rincón virgen
que te fue robado un día,
no se merece el ladrón
tanta importancia,
lucha contra eso,
amiga mía.
Encuentra en la fantasía
de lo imposible,
créale un comodín a tu razón,
hay tantas cosas bellas
que no has vivido,
un mundo te espera
al final del dolor.
Agárrate del sentido
y agradece,

borra de la mente,

tu pena aguda,

tus ideas turbias

con sentimientos cautivos,

conquista cada espacio

de tus tiempos duros.

Vístete de alegría por tus hijos.

Por todo lo que un día

el amor te dio.

Quien te da un día,

todos los días, te necesita,

te merece mucho más

que ese ladrón.

EN LA DISTANCIA

Te esconderé
allí donde nadie alcanza,
te viviré
donde nadie sabe,
te besaré
donde va mi beso,
te amaré
donde nadie amó.

Buscaré
donde te dañaron,
sembraré
donde todo nace,
comeré
el fruto que te suplico,
sentiré
tu amor suplicarme.

Te amaré
bien despacio cada huella,
zurciré
cada daño de tu sombra,
beberé
el sol que brota por tus labios,
tomaré
tu amor en una copa.

81

Callaré

el placer de mirarte,

esperaré

las noches que nos faltan,

pensaré

en tus besos, que imagino...

Guardaré

los suspiros en mi almohada...

AMOR PURO

Solo queda en el mundo un beso.
¡Lánzate bruma mía!
¡Apodérate de este infierno!
¡Grita al mundo que te quiero!
¡Lúcete en el infinito!
Que de tanto quererte me pierdo,
por los ríos y los mares
de este mundo a la deriva.
¿Quién dijo que no te quiero?
Gente que no tiene alma…
Si por más que pasan los años,
me estremece tu llegada.
No han logrado que separemos,
tu mirada de mi mirada,
porque el amor que tenemos,
atraviesa cualquier muralla,
de las que habitan por la vida,
de las que muchos no pasan.
No hay amor que se note como el nuestro,
que desafía distancias,
ni amor más puro y eterno,
como el de tu alma y mi alma.

PÁLIDA ESPERANZA

Vete,
no hay sentido a tu presencia.
Palidece mi esperanza con tu voz.
No soporto vivir con tu ausencia,
no merezco vivir sin corazón.
Vete, vete con la razón,
de cada espacio
que concluye este vacío,
que provoca un volcán en erupción.
¿Qué importa que el
mundo sepa que te has ido?
Si te fuiste hace mucho…,
en silencio por amor.
¡Vete, vete de mi alma!
Despojaré el viento
que me dio tu ilusión.
Buscaré el sentido ebrio
que enmudece los silencios.
No puede haber amor,
donde no hay perdón.
Vete y vete de nuevo.
No se puede engañar a la pasión,
cuando el grito
perdura en tu sangre,
cuando otra tiene tu corazón.

MI PENA

De tanto llegar y quedarte,
cabizbaja camina mi alma,
sedienta de tantos recuerdos,
porque sabe
que sangra mi pena…
La triste sonrisa
que luce mi cara.
Los sordos sentidos
que abrazan la fe
no pueden
con lo que se avalancha.
Son las penas que matan
el suspiro mío…,
de las frívolas palabras
que me socavan.
Deseando sentirte cerca,
no renuncio,
a la llama inerte
de mis angustias,
por la hipócrita,
pero necesaria caricia,
del amor que nos juramos
aquella tarde.
Te busco y no te encuentro.
¿Habrás huido desbocado
por la angustia de querernos?

¿O por la inocencia pulida
que pesa sobre tus espaldas?
No importa…
Estés donde estés, a ti busco,
aunque al final,
no encuentre nada…

AMOR EN TIEMPOS DE DESPEDIDAS

Tu voz, al fin tu voz
recorriendo todo mi cuerpo,
conquistando nuevamente
mi angustia presa, sin color,
y es que me dueles amor
y la distancia lo sabe,
¡tanto que me aterra!,
paralizando tu voz en mi oído
dejándolo inquieto, perdido,
triste, sin vereda...
Devoras con tus palabras
llenas de canela
el tiempo que no regresa
junto a mis recuerdos perdidos...
Alimentándome con tu acento
que calma mi condena,
dejándome caer a tu dulce abismo,
de rodillas, indefensa,
sintiendo tu alma rota que me quema.
Es tu voz mi lágrima y lo admito,
es tu alma la que escucho y me eleva.
Abrazándote estoy desde lejos
protegiéndote como puedo,
despidiéndome cuando hablamos
con mi respiración serena,
y es que temo que no pueda
volver a escucharte, mi amor...
¡Qué tristeza!

ESPERANDO TU LLEGADA

Converso con la evidente
ingenuidad que separa
el verso de cada estrofa,
necesitamos un reencuentro
de los que habitan,
en nuestras mentes tormentosas.
¿Qué le paso al universo infinito,
que desobedece a mis frágiles lamentos?
Los que suceden cuando te pienso
más allá de mis anhelos,
los que hablan de tu cuerpo,
de tus manos y tus besos…
La cadencia de la vida
late cada día más lento,
dibujando con su ritmo
que enamora desencuentros.
Si supieras cuanto te pienso
durante días enteros,
tejiendo travesuras
por cada rincón de tu cuerpo.
Susurrando,
con la esencia de tu almohada
convenciéndola que me diga
de tus secretos,
que me hable de tus ansias…
Así estas todo el día en mi recuerdo,

desenredando mis pasiones
en tus alas,
con la gracia que te gusta
de mis encantos
y te lanzan por la puerta ancha.
Termino la noche cansada
de tantos sueños,
deseos infinitos…
Llegas tú a mi cabalgata
buscando carreras
en campos de trigo.

Agotada de tanto trineo,
me duermo
en tu inevitable palmada,
amanezco y no te siento.
Te fuiste a otra batalla.
Abrazada a tu almohada
yo contengo mis tormentos
y la vida se me acaba.
Comienzan de nuevo mis rezos
esperando tu llegada.

AGÁRRAME FUERTE

Agárrame si ves que vuelo...
No puedo vivir sin aire
que es vivir sin él,
sin su consuelo,
duele sentir que sufre
cuando me alejo y muero,
porque se queda perdido
sin sus ojos en mi cuerpo.
Agárrame los sentidos
si me pierdo...
Nunca habrá mejor jardín
que donde nace su lecho,
sembrado de ramas secas
pero aglomerado de brisa,
por eso florezco,
cuando me tocan
sus manos la vida...
Agárrame con tu risa
y aprieta mis sentimientos...
Me enloquece su tormento
y el tormento que yo tengo,
de convertirme en susurro
en su grito del deseo,
son mis ganas de vivirle
cada espacio de su cuerpo.
Abrázame en este fuego...,

porque soy lluvia, porque soy trueno,
para no sentir cuando él vibra
cuando agarra mis cristales,
cuando agarra mis senderos.
Agárrame con el egoísmo que te pido...
Agarra mis mares desbordados del deseo,
porque por él, ya estoy perdida...
Y es por eso que te pido,
que me agarres si yo vuelo.

MORIRÉ AMÁNDOTE

Moriré amándote,
y en ese mismo momento
en que cierre mis ojos,
-veré tus manos
queriendo alcanzarme…-,
no sé cuándo,
ni que día,
ni que instante,
pero estarás en mi mente
acompañándome…
Como siempre,
sintiendo tu mano
agarrando la mía
sin soltarme,
esperando que Dios
venga a buscarme,
para entregarme
a sus brazos infinitos…
Estarás ahí,
y en el momento justo
me iré cantando…
Me iré con arte…
Porque quiero
que así me recuerdes
y así me ames…

TUS MANOS

A mi esposo

Enseña la noche su mejor latido,
despertando nuestros
cuerpos abrazados,
sumergidos en el letargo
del sueño infinito.

Tu mano traviesa,
recorre mi mapa…,
despacio, como quien
roba un suspiro
por donde quiera qué pasa.

No duerme.
¡Ama la madrugada!,
contándome los lunares,
bailando sobre mi espalda.
Mis sentidos se derriten
ante su perspicacia,
y me muestra sus encantos.
¡Qué bien baila!…

Ya no es una,
son las dos, las que me atrapan.
Recorren el sendero
de la anterior madrugada,

navegando en el océano
de mi cuerpo y su cascada.

Te acercas poco a poco
para quitarme la escarcha
que surge, por el espacio
que no me cubre la manta.

Tus labios,
saborean laberintos,
descubriendo mis sentidos
alimentando las ansias…

Así pasaron las horas
de tus manos revoltosas
acariciando mi alma,
robando tranquilidad
por debajo de la manta.

Despertando nuestros cuerpos
que se funden como el agua,
calmando todos los miedos…,
y lo demás…es magia.

Índice

Made in the USA
Middletown, DE
22 September 2021

48835185R00055